LE 1er MAI

ET SI C'ÉTAIT DEMAIN?

La faim peut bien regarder à la
porte de l'homme qui travaille:
mais elle n'ose y entrer.

FRANKLIN.

LES DROITS DE L'HOMME

Prix : **15** cent.

ANNÉE 1891. — MOIS D'AVRIL

LE 1ER MAI

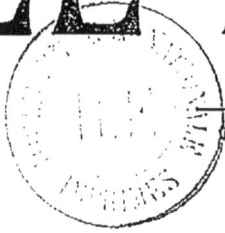

ET SI C'ÉTAIT DEMAIN?

La faim peut bien regarder à la
porte de l'homme qui travaille:
mais elle n'ose y entrer.

FRANKLIN.

LES DROITS DE L'HOMME

Prix : **15** cent.

ANNÉE 1891. — MOIS D'AVRIL

LE 1ᴱᴿ MAI

ET SI C'ÉTAIT DEMAIN?

DÉCLARATION DES DROITS DE L'HOMME ET DU CITOYEN

Il incombe et il appartient à ceux qui ont recueilli et détiennent l'Héritage de la République Française, d'observer et de faire respecter les articles dictés dans les diverses constitutions de la République par les grands Hommes de la Révolution.

CONSTITUTION DE LA RÉPUBLIQUE FRANÇAISE
du 5 Fructidor an III. — 22 août 1795.

Ainsi il était mis en tête de la Constitution :

DÉCLARATION DES DROITS ET DES DEVOIRS DE L'HOMME
ET DU CITOYEN

Le peuple Français proclame, en présence de l'*Etre-Suprême*, la déclaration suivante des Droits et des Devoirs de l'Homme et du Citoyen.

DROITS

ARTICLE 1er. — Les Droits de l'Homme en société sont : la Liberté, l'Egalité, la Sûreté, la Propriété.

ART. 2. — La Liberté consiste à pouvoir faire ce qui ne nuit pas aux droits d'autrui.

ART. 3. — L'Egalité consiste en ce que la loi est la même pour tous, soit qu'elle protège, soit qu'elle punisse.

L'Egalité n'admet aucune distinction de naissance, aucune hérédité de pouvoirs.

ART. 4. — La Sûreté résulte du concours de tous pour assurer les droits de chacun.

Etc., etc.

DEVOIRS

ARTICLE 1er. — La déclaration des droits contient les obligations des législateurs : le maintien de la société demande que ceux qui la composent connaissent et remplissent également leurs devoirs.

ART. 2. — Tous les devoirs de l'homme et du citoyen dérivent de ces deux principes gravés par la nature dans tous les cœurs :

Ne faites pas à autrui ce que voudriez pas qu'on vous fît.

Faites constamment aux autres le bien que vous voudriez en recevoir.

ART. 4. — Nul n'est bon citoyen s'il n'est bon fils, bon père, bon frère, bon ami, bon époux.

CONSTITUTION

ARTICLE 1er. — La République est une et indivisible.

ART. 2. — L'Universalité des citoyens français est le Souverain.

Titre XIII. — Révision de la Constitution

ART. 336. — Si l'expérience faisait sentir les inconvénients de quelques articles de la Constitution, le Conseil des Anciens en proposerait la révision.

Titre XIV. — Dispositions générales

Art. 351. — Il n'existe entre les citoyens d'autre supériorité que celle des fonctionnaires publics, et relativement à l'exercice de leurs fonctions.

Art. 352. — La loi ne reconnaît ni vœux religieux, ni aucun engagement contraire aux droits de l'homme.

Art. 353. — Nul ne peut être empêché de dire, écrire, imprimer ou publier sa pensée.

Les écrits ne peuvent être soumis à aucune censure avant leur publication.

Nul ne peut être responsable de ce qu'il a écrit ou publié que dans les cas prévus par la loi.

Art. 354. — Nul ne peut être empêché d'exercer, en se conformant aux lois, le culte qu'il a choisi.

Nul ne peut être forcé de contribuer aux dépenses d'aucun culte.

La République n'en salarie aucun.

Art. 359. — La maison de chaque citoyen est un asile inviolable : pendant la nuit, nul n'a le droit d'y entrer que dans le cas d'incendie, d'inondation, ou de réclamation venant de l'intérieur de la maison

Pendant le jour on peut y exercer les ordres des autorités constituées.

Aucune visite domiciliaire ne peut avoir lieu qu'en vertu d'une loi et pour la personne ou l'objet expressément désignés dans l'acte qui ordonne la visite.

Art. 371. — Il y a dans la République uniformité de poids et mesures.

Art, 376. — Les citoyens se rappelleront sans cesse que c'est de la sagesse des choix, dans les assemblées primaires et électorales, que dépendent principalement la durée, la conservation et la prospérité de la République.

Art. 377. — Le peuple français remet le dépôt de la présente Constitution à la fidélité du Corps législatif, du Directoire exécutif, des administrateurs et des juges ; à la vigilance des pères de famille, aux épouses et aux mères, à l'affection des jeunes citoyens, au courage de tous les Français.

S'il nous vient à l'idée d'écrire quelques lignes sur les droits et les devoirs de l'homme ce n'est pas pour faire de la philosophie pure — non — nous n'avons aucune prétention littéraire pas plus que philosophique.

Mais il nous sera permis, comme à tout citoyen, d'écrire et de publier notre pensée.

Et certes, nous ne venons pas faire une tirade pour tel ou tel principe, telle ou telle idée, tirade pour laquelle, dans toutes les langues du monde, il y a autant d'arguments pour défendre une cause comme il y en a pour l'attaquer, c'est une affaire de conviction, c'est une manière de voir et suivant que le prisme vous fera voir tel ou tel principe blanc ou noir, suivant que vous le verrez jaune ou vert, votre opinion aura le reflet de telle ou telle couleur.

Ici nous devons nous placer au-dessus de toutes ces discussions, au-dessus de toutes ces dissentions intestines qui divisent un pays, l'avilissent et empêchent l'essort de la liberté réelle, de l'égalité, de la fraternité.

Vous vous plaignez de ces trois mots. Vous trouvez que le fronton qu'ils dorent semble mentir à tout venant. Vous faites remarquer tous les jours que le mur qui les porte est un imposteur. Eh bien, non, ce qui leur manque à ces mots, c'est ce que vous leur coupez à chaque instant avec les ciseaux de l'opposition et parce que, tous alors, ne voulant à aucun prix vous céder un pas sur le terrain de la discussion, vous les empêchez d'éclore et de fleurir sous leur couleur véritable.

Vous faites comme ces pauvres cerveaux cerclés qui s'enfoncent dans un mutisme absolument noir et sans fond, et qui, au lieu d'une explication au grand jour, la tête haute et fière, envisageant l'existence telle qu'elle est et la prenant pour ce qu'elle vaut, l'esprit droit et sain, le cœur généreux et bon, les idées larges et le regard franc, qui au lieu de tout cela, qui au lieu d'une âme noble, ont l'esprit terre à terre et le cœur aussi bas.

Ces mots ne seront réellement sacrés et n'auront leur signification véritable que du jour où nous saurons nous inspirer tous de l'article 2 des Devoirs de l'Homme et du Citoyen :

« Ne faites pas aux autres ce que vous ne voudriez pas
« qu'on vous fît. »

Un jeune philosophe — vraiment philosophe ou peut-être pas philosophe du tout — mais dans tous les cas un jeune écrivain se présente un jour chez un boulanger son manuscrit sous le bras, il avait épuisé tous les éditeurs.

« Voici, lui dit-il, le pain que je fais dans mon genre. « Ce pain est le pain de l'âme, c'est le pain intellec- « tuel ; mais comme il n'est pas assez substantiel pour « mon corps je viens vous l'offrir en échange du vôtre ? »

Croyez-vous que le boulanger s'empressa d'accepter ? Hélas, il laissa partir notre pauvre écrivain en ayant encore l'air de lui dire : Fainéant, va !.....

Donc certaines classes de la société, intéressantes tant que vous voudrez, sont malvenues à s'étonner de tout ce qui se prépare, de tout ce qui fermente, de tout ce qui gronde.

Et les quelques gros nuages noirs qui se montrent de temps à autre à l'horizon ne prennent le noir bleuâtre de l'encre que par leur faute.

Comment ! les Droits de l'homme, Droits que vous reconnaissez dans vos constitutions, sont là implacables

devant vous, et vous laissez crier à des hommes, à des
femmes qui ne veulent pas voler, qui ne veulent pas
piller, mais qui veulent travailler, vous leur laissez
crier : Du pain !... du pain !... donnez-nous du travail
pour du pain !. . et l'on reste sourd !

Et tous, vous qui pouvez donner du travail, vous vous
regardez !

Ou alors vous répondez : « Je n'en ai pas de travail,
je le regrette, mais je n'en ai pas. »

Et le malheureux s'en va la faim aux dents ; le ventre
dans ses talons ; la cervelle enflée dans son crâne prêt à
se briser.

Eh quoi ! que va-t-il faire cet homme ?

Il n'a plus d'argent, — il a tout mis au Mont-de-Piété —
ses enfants ont faim, sa femme est malade !

Se tuer, cela ne donnera pas de pain aux petits,
et peut-être la mère en mourrait de chagrin ?.....

Admettez qu'il soit seul au monde, cet homme qui
vous demande du travail !

Que fera-t-il, lui ?

Il n'a plus d'argent, il n'a plus son gîte pour la nuit,
parce qu'il ne peut plus payer ?

Son cœur se crève à l'idée d'aller mendier, à l'idée
d'aller coucher à l'asile de nuit !

Cependant il a droit à sa place au soleil !

Il est fort, il a la santé, il veut travailler pour avoir
du pain et c'est son droit d'homme en société.

Il a le droit de vivre et il veut vivre, et pour vivre
il faut manger.

Il demande partout du travail.

Partout il est rebuté !...

Le droit à l'existence par le travail n'existe donc plus
aujourd'hui ?

Eh bien, vous laissez grossir le nombre de ces malheureux et il grossit d'une façon inquiétante.

Il n'y en a pas dix, il n'y en a pas cent, il n'y en a pas mille, il y en a des milliers et des milliers.

La Féodalité capitaliste — plus terrible et plus noire que ne l'était l'autre — remplit sa valise, la boucle, et, le ventre dodu, trois mentons sous le nez, attend d'un œil candide le signal du départ.

Il n'aura qu'à partir, aller sous un ciel plus clément, attendre dans un gros rire, que les nuages noirs se soient dissipés.

« Mais la pauvrette *aura* compté sans l'autour aux « serres cruelles. »

Apprends, candide Féodalité, que les nuages noirs que tu engendres se sont étendus sur toute la surface du globe, où tu n'es, — malgré tes millions — qu'un méchant microbe destiné à pourrir.

Pour vous édifier nous jugeons à propos de vous signaler, de vous conseiller de lire l'article que le *Temps* du 2 avril 1891, consacre au sujet du Congrès ouvrier de Paris, Congrès international des mineurs.

Ce n'est pas sur une feuille de choux que nous vous conseillons de lire, ce n'est par sur une feuille révolutionnaire ou sur une feuille inspirée par un sentiment hostile au gouvernement, non, nous vous indiquons le *Temps,* qui comme journal est une puissance et une puissance sage.

Voulez-vous, d'un autre côté, lire ce que pense de la situation le journal de l'homme le plus intègre, le plus loyal, le plus brave, le plus patriote qu'il y ait en France. Voici ce que dit l'*Autorité* du 7 avril 1891, dans un article signé Paul de Léoni.

Le Congrès des Mineurs

« Ce qui s'est produit de plus intéressant, en somme'
« dans les réunions du Congrès des mineurs, c'est l'a-
« doption de la motion ayant pour objet d'établir une
« fédération internationale des mineurs.

« En reprenant pour leur compte la théorie de l'an-
« cienne *Internationale*, les mineurs posent un jalon.
« Il est certain que toutes les autres corporations en
« arriveraient à s'*internationaliser*, si le projet des
« mineurs confié à l'examen et à l'étude d'une commis-
« sion était adopté.

« Chaque nation avait jusqu'à présent « son parti
« ouvrier » plus ou moins bien organisé. Désormais, il
« n'y aurait plus qu'un seul parti ouvrier. Seulement,
« il serait Européen pour ne pas dire Universel.

« Voilà une société secrète qui ne serait peut-être
« pas une quantité négligeable.

« Sur un mot d'ordre parti d'un comité central quel-
« conque, tous les ouvriers européens feraient entendre
« leurs « revendications, » mais imposeraient leurs con-
« ditions politiques, sous menace de grèves générales.

« On peut se demander alors de quoi vivraient, pen-
« dant les grèves, les ouvriers de tous les pays. C'est
« tout simplement l'Europe livrée au pillage.

« Ce projet a d'ailleurs reçu un commencement d'exé-
« cuton, puisque le congrès a décidé que si les mineurs
« belges se mettaient en grève, ils seraient soutenus
« par les autres confédérés internationaux engagés à
« mettre la Belgique en interdit, c'est-à-dire à la con-
« damner à ne recevoir son charbon ni de France, ni
« d'Allemagne, ni d'Angleterre. Au surplus un orateur
« du congrès de Paris ne s'est pas gêné pour définir,

« sans ambages, le but que poursuivrait la Fédération
« internationale. « *La grève, a-t-il dit, reste une menace*
« *suspendue comme l'épée de Damoclès sur la tête des*
« *gouvernements et des patrons.* »

« Les gouvernements n'ont peut-être pas de tête,
« mais assurément ils ont une queue.

. . . .

« Ce qui donne un caractère de gravité à cette réso-
« lution du congrès, c'est qu'elle est protégée par les
« droits qu'ont les ouvriers, au même titre que tant
« d'autres sociétés, de se réunir en Congrès. »

Malgré cela, malgré tout, vous doutez encore.

Vous faites un mouvement d'épaules et vous vous
dites : ah ! bast ! tas de farceurs !

Tas de propres à rien, nous vous attendons, et surtout, nous vous tenons.

Et votre bile monte, monte dans votre cœur, noircit
votre sang et vous rend l'âme noire de haine pour ce
pauvre peuple ; pour ces pauvres travailleurs, pour la
rafataille, comme dit Tartarin.

Et du coup votre œil voit à travers un prisme qui
rend ce peuple encore plus vil, plus repoussant, plus
petit, plus crapuleux.

Tandis que vous vous trouvez haut de six coudées ;
tandis que vous êtes un génie, un homme à idées,
un demi-dieu et qui sait ? peut-être un dieu !...

Et sacré tonnerre, après tout, comment se fait-il que
ces gens-là ne vont pas à quatre pattes ?

Est-il possible qu'ils marchent comme moi ? qu'ils
mangent avec une bouche ?

Mais non, ils ont une gueule ces gens-là et ils ont les
dents faites comme celles des chiens.

Allons, arrière prolétaire, ou je joue du bâton. Regardez ce vil populo. Regardez-moi ces gens pleins de mortier et de plâtre. Regardez ces satanées ouvrières ! Voyez toute cette clique qui rentre dans ses taudis ! Voyez tout cela marcher comme des affamés, comme des loups qui vont au carnage. Oh ! crapules, va !.....

Cependant, d'après les droits de l'homme et d'après les devoirs, cette situation devrait-elle exister ?

Hélas ! nous ne voulons pas prêcher l'égalité en tout et pour tout, non, mille fois non. Mais nous voudrions faire entendre que la situation actuelle demande de grandes réformes et de grands ménagements.

Nous voudrions que tout homme qui veut travailler trouve du travail honorablement.

Nous souhaiterions que les rapports entre les diverses classes de la société soient moins tendus qu'ils ne le sont.

Et certes, on pourrait bien sans de grands efforts trouver un moyen d'améliorer l'existence.

Et si le gaspillage et le trop grand superflu se reportaient là où il y a la misère noire, il nous semble que nous arriverions à trouver partout, sinon l'aisance, tout au moins du pain.

Mais il ne faut pas que ce soit par charité. Mais il ne faut pas que ce soit par aumône. Mais il ne faut pas que ce soit un secours direct là où il y a la force et la santé.

Oh ! non !

Il faut que celui qui a besoin de pain puisse le gagner, et que, l'ayant gagné, il le mange comme étant sien, comme étant le fruit de ses sueurs, de ses peines, et que, comme tel, le front haut et fier, l'œil tranquille, le visage calme, l'air content, il le porte à ses enfants et le leur distribue en embrassant sa femme.

Plus de cette charité là, plus d'aumônes. Du travail,

et il n'y aura plus de mendiants, et s'il en reste vous saurez où vous devez les mettre.

Ainsi, il y a environ 30,000 individus arrêtés et poursuivis toutes les années dans Paris pour mendicité.

Ils passent donc leur vie en prison ou à courir les rues ou les grands chemins.

Est-ce digne d'une nation comme la France ? N'y a-t-il donc aucun moyen d'enrayer cela ?

On a pu évaluer à 20 millions de francs ce que coûte la charité publique. Eh bien, ne pourrait-on rien faire, avec une pareille somme, pour ceux qui veulent réellement travailler et qui n'ont pas d'ouvrage ?

Ne pourrait-on pas avoir de plus heureuses conséquences que toutes celles que l'on a eues jusqu'à ce jour ?

Au point de vue social ne pourrait-on pas aboutir à un autre résultat avec tous ces millions et tous ceux que l'on pourrait avoir s'il était constitué une œuvre durable et solide.

Espérons qu'on n'attendra pas que les chevaux soient sortis pour fermer la porte ou bien qu'on n'attendra pas de faire comme les éternels carabiniers : « trop tard. »

La ville de Marseille commence à distribuer des *bons de travail*. C'est très joli, c'est très louable et cela prouve une fois de plus combien la vieille cité phocéenne aime à soulager les misères.

Mais cela ne suffit pas :

Car il reste dans l'ombre la partie la plus intéressante de la société. Celle qui réellement veut travailler, celle qui souffrira, celle qui mourra dans la misère et la douleur ne pouvant se montrer là où elle trouverait quelque soulagement.

Car il faut compter avec tout ce qu'engendre la

société, puisque nous devons vivre en société, et faire la part des scrupules légitimes que peuvent avoir tant de pauvres victimes innocentes.

Un père de famille est chargé d'élever ses enfants, de leur donner la nourriture, de les faire travailler : la loi qui le lui ordonne est une loi bien juste et surtout bien naturelle. Et certes il distribuera tout cela selon toutes les lois de la nature, selon les aptitudes, selon la force physique et morale de chacun.

N'avons-nous pas de ce fait un exemple — en petit — qui pourrait se mettre en pratique, sur un plan plus grand, après de longues et mûres observations ? Que de cris entendons-nous : Utopie !..... Ne criez pas, regardez là bas l'horizon !

Le grand J.-Jacques Rousseau, qui n'a pas encore été compris, que nous ne pouvons encore comprendre, a jeté les bases fondamentales de ce grand principe et a inspiré le plus grand génie que nous ayons eu pour résoudre la question sociale, nous avons dit Bonaparte.

Mais avait-il pris une mauvaise route ? Ce génie était-il venu avant son heure ? Devait-il, condamné d'avance par une force suprême, accomplir ainsi sa destinée ?

Nul ne le sait.

Dans tous les cas il en est sorti le germe social.

Car nous voyons tous les jours s'organiser et s'agrandir une masse imposante d'êtres humains qui, haves et échevelés, ruisselants de sueur, envahissent tous les centres habités et menacent d'une ruine certaine les contrées qu'ils traverseront.

Voyez-vous là bas ce vol immense de sauterelles ? Le voyez-vous s'étendre par delà l'horizon, couvrir le soleil ? Le voyez-vous ?

Oh ! gare aux pauvres plaines qui les verront s'abattre sur elles !.....

Telles les masses humaines affamées devront parcourir un jour tous les coins de la terre.

Est-ce que cela ne vous dit rien ? Est-ce que ces innombrables vols de sauterelles ne seraient pas l'image de ce que l'humanité fera un jour ?

Et si c'était demain.

Marseille, le 7 avril 1891.

A. ROCHASAL.

Marseille. — Imprimerie Commerciale, rue de la Paix, 11.

www.ingramcontent.com/pod-product-compliance
Lightning Source LLC
Chambersburg PA
CBHW050451210326
41520CB00019B/6169